Donaldo Buchweitz

A MALA MALUCA

Edição em braille e em fonte ampliada

Ilustrador
Albert Llinares

Ciranda Cultural

ISBN: 978-85-380-9226-1

Revisão: Fernanda R. Braga Simon
Projeto gráfico e diagramação: Ana Dobón
Produção: Ciranda Cultural
1ª Edição
www.cirandacultural.com.br

**Dedico este livro à Lorena,
que me ensinou a brincar com as palavras,
e a todas as crianças que estão começando
a dar os seus primeiros passos
no processo de alfabetização.**

A mala maluca
tem vaca,

tem maca.

A mala maluca
tem peruca,

tem Cuca.

A mala maluca
tem bola,

tem mola.

A mala maluca
tem bala,

tem mandala.

A mala maluca
tem fole,

tem maria-mole.

A mala maluca
tem pato,

tem mato.

A mala maluca
tem tico-tico,

tem mico.

A mala maluca
tem caco,

tem macaco.

A mala maluca
tem cama,

tem dama.

A mala maluca
tem beleza,

tem mesa.

A mala maluca
tem gelo gelado,

tem mel melado.

A mala maluca
tem foto,

tem moto.

A mala maluca
tem oca,

tem motoca.

A mala maluca
tem pula-pula,

tem mula.

De quem é a mala maluca?